Thüringen
lieben lernen

Der perfekte Reiseführer für einen unvergesslichen Aufenthalt in Thüringen inkl. Insider-Tipps, Tipps zum Geldsparen und Packliste

Maria Sunneberg

✈ INHALT

Das erwartet Sie in diesem Buch

7 Tage – 7 Ziele: Eine Woche voller faszinierender Ausflüge und Unternehmungen. Dieser Ratgeber nimmt Sie mit auf eine Rundreise durch das „grüne Herz" Deutschlands. Von der Landeshauptstadt Erfurt mit seinen beeindruckenden Bauwerken in der historischen Altstadt, dem Zoopark Erfurt, der immer wieder durch seine Artenvielfalt besticht und den zahlreichen Seen in der Umgebung, die zum Baden und Entspannen einladen, geht es über eine mittelalterliche Tour voller Geschichten und Erzählungen über die Burgen „Die Drei Gleichen" und Schloss Friedenstein in Gotha, weiter zur berühmten Wartburg bei Eisenach.

Von dort aus, machen wir einen Abstecher zum faszinierenden Baumkronenpfad im Nationalpark Hainich, in dem man aus luftiger Höhe die naturbelassenen Wälder mit Ihrer Vielfalt bestaunen kann. Um schließlich über das Gradierwerk mit Sole-Heilbad in Bad Salzungen und einem Besuch in der Fachwerkstadt Schmalkalden mit Schloss Wilhelmsburg im Luftkurort Oberhof zu landen, dem Wintersportzentrum der Region, welches zu jeder Jahreszeit unzählige Möglichkeiten an Sport- und Freizeitaktivitäten bietet und nicht zuletzt Etappenziel des berühmtesten Wanderwegs Thüringens - dem Rennsteigdarstellt. Auch kulinarische Highlights und Tipps werden auf dieser Reise nicht zu kurz kommen, denn neben Bratwurst und Thüringer Klößen, hat die Region noch einiges mehr zu bieten.

Also genießen Sie die Mischung aus interessanten historischen Erzählungen und Berichten und der Erholung in unberührter faszinierender Natur, kulinarischen Leckerbissen und den schier unerschöpflichen Freizeit- und Ausflugsmöglichkeiten mitten im Herzen Deutschlands. Warum in weit entferne Länder reisen, wenn man wunderschöne Orte fast direkt vor der Haustür findet.

„Das grüne Herz Deutschlands"

Mitten im Zentrum Deutschlands liegt der - mit rund 16.000 Quadratkilometern - relativ kleine Freistaat Thüringen. Doch durch die zentrale Lage ist er von allen anderen Bundesländern aus, in verhältnismäßig kurzer Zeit, sehr gut erreichbar. Vom Harz im Norden des Landes über das Thüringer Becken in Richtung Landesmitte, die Hügellandschaften vom Eichsfeld im Nordwesten und dem Vorland des Thüringer Waldes, bis hin zum Thüringer Wald im Süden und dem Thüringer

Schiefergebirge östlich, hat die Region landschaftlich sehr viel zu bieten. Die zwei größten Stauseen Deutschlands, die Talsperren Bleiloch und Hohenwarte befinden sich in Thüringen. Des Weiteren gibt es landesweit noch rund 60 weitere Talsperren, die hauptsächlich zur Trinkwasserversorgung dienen.

Die Landschaft Thüringens ist zu einem Drittel von Wäldern bedeckt und damit eines der waldreichsten Bundesländer. Die weitverbreiteten Nadelholzforste, die seit Ende des 19. Jahrhunderts angepflanzt wurden, verdrängten große Teile des natürlichen Laubwaldes. Doch seit im Jahr 2007 Orkan Kyrill große Schäden an den anfälligen Monokultur-Wäldern hinterlassen hat, werden die Aufforstungs-Arbeiten immer häufiger auf heimische Laubgehölze umgestellt, um somit dem natürlichen Buchen-Eichen-Mischwald wieder mehr Raum zu geben.

Aufgrund der umfangreichen Waldflächen in Thüringen fühlen sich auch viele wildlebende Tiere wie Rehe, Hirsche, Füchse und Wildschweine sehr wohl. Die Wildkatze hat sich im Nationalpark Hainich und im Tal der Weißen Elster wieder angesiedelt. Auch Wölfe und Luchse sind in verschiedenen Gebieten gesichtet worden. Seltene Vogelarten wie der Wachtelkönig, das Birkhuhn und der Schwarz-storch fühlen sich in den Naturschutzgebieten eben-falls wohl.

Thüringen ist nicht nur ein Reiseziel für Ruhe-Suchende, Wanderer und Naturliebhaber; Thürin-gen ist auch ein Bundesland der Dichter, Denker und Musiker! Schon Johann Wolfgang von Goethe, Fried-rich von Schiller und Franz Liszt fanden Ihre Inspi-rationen im Freistaat. Weimar gilt noch heute als Zentrum für Poesie und Dichtkunst. Dort ist auch ei-nes der berühmtesten Denkmäler – das Goethe-Schiller-Denkmal vor dem Weimarer Theater zu fin-den. Kultur- und Geschichtsinteressierte kommen in Weimar, mit all seinen Museen und Denkmälern, voll auf Ihre Kosten. Einen Besuch wert sind beispiels-weise Goethes Wohnhaus am Frauenplan, in dem man die originalen Wohnräume, Arbeitszimmer und die Bibliothek der Familie bestaunen kann.

Für Wanderer und Naturliebhaber hat Thürin-gen unzählige Wanderrouten mit allerlei Interessan-tem zum Endecken und Bestaunen zu bieten, worauf Sie sich bei unserer Tour in diesem Reiseführer noch freuen können. Wintersportler kommen auch voll auf ihre Kosten, was der Tag in und um Oberhof noch zeigen wird.

Insgesamt darf man darauf gespannt sein, in welcher Vielfalt sich der kleine Bundesstaat präsentieren wird und was es in Thüringen alles zu entdecken und zu unternehmen gibt. Ich wünsche Ihnen einen interessanten, informativen und vor allem kurzweiligen Ausflug durch das „grüne Herz" Deutschlands.

Tag 1: Erfurt, die Landeshauptstadt

Den ersten Tag unserer Reise durch den Freistaat Thüringen verbringen wir in der Landeshauptstadt. Erfurt ist mit rund 215.000 Einwohnern die größte Stadt Thüringens. Im Jahre 742 erstmals urkundlich erwähnt, kann man auch heute noch den rund drei Quadratkilometer großen, mittelalterlich geprägten Stadtkern besuchen, der mit vielen Fachwerkhäusern, zahlreichen Pfarrkirchen, der Zitadelle Petersberg im barocken Stil und natürlich dem Erfurter Dom lockt. Auch die Landesbehörden, das Bundesarbeitsgericht sowie die Universität und die Fachhochschule von Erfurt, ziehen jedes Jahr zahlreiche Besucher und Studenten an. Als Student kann man in Erfurt das Studentenleben ausgiebig genießen. Die verschiedenen Gebäude der einzelnen Fachrichtungen der Fachhochschule liegen in der Stadt verteilt, der große Uni-Campus mit Studentenwohnheimen, Verwaltung, Bibliothek, Mensa und Audimax laden zu zahlreichen Veranstaltungen über das ganze Jahr ein. Daneben bieten die vielen kleinen Lokale und Kneipen der Stadt, Möglichkeiten, sich mit Kommilitonen und Freunden zu treffen, auszutauschen und natürlich zu feiern.

Aber auch die Messehallen der Stadt laden immer wieder zu Konzerten, Ausstellungen und zahlreichen anderen Veranstaltungen ein. Auch der Ega-Park, das Deutsche Gartenbaumuseum sowie die bevorstehende Bundesgartenschau 2021 sind eine Reise in die Landeshauptstadt wert.

Als Besucher Erfurts ist zunächst mal die Altstadt interessant, die aus der frühmittelalterlichen Zeit im heutigen Stadtkern und der spätmittelalterlichen Erweiterung um diesen herum besteht.

Besuchenswert sind der Domberg mit dem Erfurter Dom und der Severikirche sowie der vorgelagerte Domplatz, der mit seinen 35.000 Quadratmetern der größte umbaute Marktplatz Deutschlands ist. Des Öfteren finden dort Konzertveranstaltungen statt, die mit dem Dom, der sich im Hintergrund der Bühne „auftürmt" eine ganz eigene, beeindruckende Atmosphäre schaffen.

Direkt daneben kann man den Petersberg, mit der aus dem 17. Jahrhundert stammenden und gut erhaltenen Zitadelle, bestaunen. Dort finden auch heute noch Führungen durch die alten Gemäuer mit den engen Gängen rund um die Befestigungsmauern und den kleinen Schießscharten statt. Diese Führungen werden oft im Zuge einer Altstadtführung angeboten, die besonders am Abend mit beginnender Dämmerung besonders reizvoll ist.

Befindet man sich auf dem Domplatz, spricht nichts gegen einen Stadtbummel durch die Altstadt in Richtung Fischmarkt und Rathaus. Besonders empfehlenswert ist ein Abstecher ins Eiscafé „San Remo", in dem man leckere, original italienische Eiskreationen genießen kann. Dieses sehr beliebte Eiscafé liegt direkt an der Marktstraße und wird während der Sommermonate täglich bewirtschaftet. In den kalten Monaten ist dort leider Winterpause.

Weiter entlang der Hauptgeschäftsstraße und der Fußgängerzone gelangt man schließlich zum Fischmarkt und zum Rathaus. Die Gebäude dort entsprechen alle der Architektur des 19. Jahrhunderts. Man kann sich gut vorstellen, wie einst die Menschen dort mit ihren Viehwagen über die Kopfsteinpflaster-Straßen gerumpelt sind und an den Ständen auf dem Markt ihre Ware angeboten haben.

Weiter entlang über die Gera auf dem alten Brückenübergang geht es zum Anger, der von der Bebauung mit Gründerzeithäusern aus dem 19. Jahrhundert geprägt ist. Dort befinden sich vorwiegend Geschäftshäuser mit zahlreichen Einkaufs- und Einkehrmöglichkeiten. Vom Anger aus weiter in südliche Richtung gelangt man direkt zum Hauptbahnhof, der in den letzten Jahren umfangreich aus- und umgebaut wurde und mittlerweile in neuem modernen Stil das Zentrum des Schienenverkehrs bildet. Auch die gute Straßenbahnanbindung zu allen Stadtteilen macht das Erkunden Erfurts für Reisende, besonders für jene ohne PKW, sehr attraktiv und auch entspannt. Es gibt natürlich ein Parkleitsystem mit ausreichen Stellplätzen, aber das Erkunden der Altstadt zu Fuß oder besser noch mit einer der altertümlichen Straßenbahnen, die extra für Stadtführungen vorgehalten werden, ist so sehr viel entspannter.

Nach dem Stadtrundgang machen wir uns auf den Weg zum Zoopark Erfurt, der sowohl mit Bus und Bahn als auch mit dem PKW sehr gut erreichbar ist. Es stehen ausreichend Parkplätze direkt vor dem Eingang zur Verfügung. Mit fast 63 Hektar ist dieser Zoo flächenmäßig der drittgrößte Deutschlands. Man kann dort mit der ganzen Familie über 700 Tiere von rund 120 verschiedenen Tierarten bestaunen. Von April bis Oktober ist der Zoo täglich von 9 Uhr bis 18 Uhr geöffnet, in den Wintermonaten täglich von 10 Uhr bis 16 Uhr.

Wenn man schließlich die zahlreichen Tierarten von Elefanten, Nashörnern, Giraffen und Bisons über Krokodile, Schlangen und Pinguinen bis hin zu Ziegen, Eseln und anderen Nutztieren bewundert hat, die Raubtierfütterung miterlebt hat und sich von den possierlichen Erdmännchen losreißen konnte, ist ein Besuch in einem der Stände und Gaststätten empfehlenswert, um sich von diesem weitläufigen und interessanten Ausflug, vielleicht bei einer Tasse Kaffee und einem leckeren Stück frischen Kuchen, auszuruhen.

Im Zoopark Erfurt kann man ohne, dass Langeweile aufkommt, einen ganzen Tag verbringen. Neben den vielen Tieren und Gehegen, die einen immer wieder in eine neue faszinierende Welt eintauchen lassen, lassen die zahlreichen Ausruhe-Möglichkeiten, Versorgungsstände und auch der Streichelzoo und diverse Spielplätze für die Kleinen, die Zeit viel zu schnell vergehen. Mit 12 Euro Eintritt für Erwachsene und 6,50 Euro pro Kind, ist der Preis für das, was einem geboten wird, auch nicht zu teuer. Und man kann mit einem Besuch dazu beitragen, dass dieser schöne Zoopark auch weiterhin erhalten bleibt und ausgebaut werden kann.

Eine Station in Erfurt wollen wir zum Ausklang noch mitnehmen; es handelt sich um die Badeseen rund um die Stadt. Von Erfurt aus, auch mit öffentlichen Verkehrsmitteln sehr gut erreichbar, ist beispielsweise der Nordstrand, der mit seinem Sandstrand und dem glasklaren Wasser für echtes Urlaubsfeeling sorgt. Daher ist dieser See auch überaus beliebt und im Sommer sehr gut besucht. Etwas ruhiger geht es dagegen am Strandbad Stotternheim zu, welches auch nur ein paar Fahrtminuten mit dem Auto von Erfurt entfernt liegt. In diesem Bad kommt die ganze Familie auf ihre Kosten, denn neben Wasserrutsche, Volleyball- und Basketballplätzen, kann man es sich dort auch einfach unter einem der ausreichend vorhandenen Schattenplätzen bequem machen. Zirka 20 Minuten von der Stadt entfernt liegt der Alpestedter See, der durch sein weitläufiges Platzangebot und der damit verbundenen Möglichkeit auf ein abgelegenes Plätzchen, abseits der Menschenmengen, besticht. Dort am entspannten und ruhigsten Badeort in der Nähe Erfurts kann man den Tag genüsslich ausklingen lassen und Kraft tanken für die weitere Reise.

Tag 2: Gotha - Land der Schlösser

Den zweiten Tag unserer Reise durch Thüringen verbringen wir in Gotha, der fünftgrößten Stadt des Landes, die bereits im Jahre 775 erstmals urkundlich erwähnt wurde. Gotha ist Kreisstadt des gleichnamigen Landkreises und hat sich seit seiner Rivalität mit Weimar in der Vergangenheit als naturwissenschaftliches Zentrum herauskristallisiert. Davon zeugen unter anderem heute noch das Naturkundemuseum und die Sternwarte. Schon auf dem Weg nach Gotha fallen einem die "Drei Gleichen" ins Auge. Die drei Burgen, die sich gleichzeitig auf den Hügeln in der Landschaft aus dem Wald erheben. Doch daher haben sie nicht ihren Namen. Der Sage nach soll am 31.Mai 1231 ein Kugelblitz gleichzeitig alle drei Burgen in Brand gesteckt haben, woraufhin diese, so wie "drei gleiche" Fackeln, brannten.

Die drei Burgen sind: die "Mühlenburg", die Älteste, die schon im Jahr 704 urkundlich erwähnt wurde. Die Burg "Gleichen", die 1034 als "Gliche" in Schriften erstmals auftaucht und die "Wachsenburg" , die mutmaßlich im 10. Jahrhundert erbaut wurde und die Einzige ist, die heute noch "bewohnt" wird, da sie in Privatbesitz ist und ein Hotel mit Restaurant beherbergt.

Die "Mühlenburg" ist heute nur noch eine Ruine, in der sich jedoch noch ein kleines Töpferei-Museum und eine Gaststätte befinden. Das Museum ist von März bis Oktober von 10 Uhr bis 17 Uhr täglich geöffnet. Auch kann man die Ruine besichtigen und von der errichteten Turmplattform aus die Aussicht auf die beeindruckende Landschaft genießen.

Weiter geht die Reise zur zweiten Ruine, der Burg "Gleichen". Zur Burg hinauf führt der sogenannte "Türkenweg", der auf Geheiß der zweiten Frau des Grafen von Gleichen, welche er von seinen Kreuzzügen mitgebracht hatte, von einem unbefestigten, steilen und nur mühsam begehbarem Hohlweg zum heutigen breiteren befestigten "Türkenweg" ausgebaut wurde.

Die Heirat des Grafen mit seiner zweiten Frau wurde erst persönlich vom Papst in Rom erlaubt, da eine Doppelehe im christlichen Glauben schon damals unvereinbar war. Doch Graf Gleichen reiste mit seiner Geliebten Melechsala, einer Sultanstochter, nach Rom und berichtete dem Papst davon, wie er sich während seiner Gefangenschaft beim Sultan in Alkain in dessen Tochter verliebte und beide aus Alkain flohen. Doch zu Hause wartete ja noch Ottilia, seine erste Frau mit den gemeinsamen Kindern auf ihn. Doch der Papst hatte Mitleid und Verständnis für den Grafen, erteilte ihm Absolution und gestattete die Doppelehe.

So kehrte Graf Gleichen mit seiner zweiten Frau zurück nach Hause und wurde überglücklich von Ottilia empfangen. Aus Freude und Dankbarkeit über die Rückkehr, hatte diese auch nichts gegen Melechsala einzuwenden, sondern freundete sich mit ihr an.

Es wird berichtet, dass es eine sehr glückliche und harmonische Ehe gewesen sein soll. Melechsala bekam zwar nie eigene Kinder, nahm die ihres Mannes und Ottilias aber wie ihre eigenen an.

Die dritte und am besten erhaltene Burg ist die "Wachsenburg". Als Kloster erbaut, ging sie im Laufe der Jahre an Landgrafen und Herzöge über, bis sie schließlich 1967 bis 1969 zum Hotel ausgebaut wurde. Um diese Burg gibt es allerlei Sagen; wie die eines Schatzes, der sich in den Gewölben des Burgkellers befinden soll. Man soll einst einen Schädel am Burgtor ausgegraben haben, der von kostbaren Edelsteinen geschmückt war. Der Schädel verschwand jedoch auf geheimnisvolle Weise. Bei dem Fund soll es sich um den Geist eines Edelfräuleins handeln, der nächtens auf der Burg umhergeht. Erzählungen nach findet sie keine Ruhe, da sie einst von einem Raubritter, dem sie nicht willig sein wollte, umgebracht worden sein soll.

Auch von einem Fluch wird erzählt: Ein Mönch, der auf der Burg eingekerkert war, weil er widerspenstig und unfolgsam war, wurde schließlich zur Hinrichtung geführt. Auf dem Weg dort hin schrie er auf. "Dieser Berg, auf dem ich unschuldig sterben muss, soll die Farbe meines Blutes tragen und auf ewig unfruchtbar bleiben!". Und so soll kurz nah der Hinrichtung ein derart schweres Unwetter niedergegangen sein, dass das Blut des Mönches und alles Muttererde ins Tal gespült haben soll. Seitdem sieht man nur noch den nackten Felsen und keine Pflanze kann dort mehr wachsen.

Zwischen den drei Burgen verläuft ein 20 Kilometer langer Wanderweg, der alle drei Ziele miteinander verbindet; benannt nach dem Schriftsteller Gustav Freytag, der seine Inspiration zu einigen Werken in den drei Burgen fand.

Von den Ruinen der Burgen reisen wir weiter nach Gotha, eine Stadt, in der Besuchern schon von weitem das barocke Schloss Friedenstein, hoch oben auf einem Hügel, ins Auge sticht. Bis 1825 diente es als Residenz der Herzöge von Sachsen-Gotha-Altenburg und anschließend der von Sachsen-Coburg und Gotha. Im Ballsaal des Schlosses mit Bühne und festem Ensemble wurde die Entwicklung des deutschen Theaters maßgeblich mit beeinflusst.

Heute dient das Schloss als Ort für Museen und Ausstellungsräume. In den Außenanlagen kann man den ältesten englischen Rosengarten auf dem europäischen Kontinent bewundern. Am Schloss-park befinden sich auch eine Orangerie und ein spä-ter angelegter Tannengarten.

In den Gebäuden der Schlossanlage sind immer einige sehenswerte Ausstellungen verfügbar. Das Schlossmuseum, in dem man sich die nahezu unver-änderten Schlossräume und Sammlungen als "baro-ckes Museum Gotha" ansehen kann. Das herzogliche Museum und das historische Museum, welches in naher Zukunft eine über 1.000 Quadratmeter große Dauerausstellung bekommt.

Nicht zuletzt das Eckhof-Theater, welches eine beeindruckende Atmosphäre bietet, allein durch seine Optik und Stimmung im Inneren. Wenn man sich dabei noch einen voll besetzten Zuschauerraum und das Geschehen auf der Bühne in Begleitung ei-nes Orchesters vorstellt - beeindruckend. Einen Ein-blick in die Zeit der Blüte des Theaters kann man heute noch im Juli und August jeden Jahres bekom-men. Dann findet nämlich das alljährliche Eckhof-Festival statt, bei dem Theaterstücke aus dem fünf-zehnten bis achtzehnten Jahrhundert aufgeführt werden. Auch Konzerte und Theaterführungen fin-den während dieser Zeit statt; bis das Festival schließlich am letzten Augustwochenende mit dem Barockfest seinen krönenden Abschluss feiert, bevor das Theater wieder zurück in seinen fast einjährigen Dornröschenschlaf taucht.

Auch für Familien mit Kindern hat Schloss Friedenstein einiges zu bieten. Sehr interessant ist beispielsweise die Ausstellung "Tiere im Turm" - eine Anlehnung an das vorhandene Naturkundemuseum. In dieser Ausstellung gibt es nicht nur verschiedenste Tiere aus allen Epochen zu sehen, sondern auch zu hören und zu ertasten. Beeindruckende Tiere kann man so hautnah und in lebensechter Größe kennenlernen. Das ist auch für die Kleinen ein Erlebnis. Schloss Friedenstein ist sehr beeindruckend, hat für jeden etwas zu bieten und ist auf jeden Fall eine Reise wert.

Um die Eindrücke des Tages von historischen Schlössern, sagenumwobenen Burgen und den ganzen geschichtlichen Einflüssen etwas sacken zu lassen, machen wir noch einen Abstecher zu einem ganz anderen Ziel in Gotha, dem kleinen aber feinen Tierpark. Dieser ist mit rund 6 Hektar Fläche relativ klein und überschaubar, hat aber mit rund 140 Tierarten einiges zu entdecken. Die Aufteilung des

Rundweges ist angenehm und gut passierbar und dank seiner geringen Größe auch gut geeignet für einen kleineren Ausflug. Von Bären über Wölfe und Tiger findet man hier auch viele heimische Tierarten wie Uhus und Eulen. Zum Rasten sind ein Spielplatz und ein nettes kleines Café vorhanden. Und wer gar nicht mehr laufen möchte, kann sich auch auf einer Kutschfahrt durch den Zoo bringen lassen. Der Tierpark hat täglich von 9 Uhr bis 18 Uhr geöffnet, in den Wintermonaten von 9 Uhr bis 16 Uhr. Der Eintritt ist mit 6 Euro für Erwachsene und 3 Euro für Kinder nicht zu teuer. Hunde dürfen leider nicht mit in den Tierpark. Aber für einen kleinen Rundgang als Entspannung nach einem langen, informativen Tag ist dieser ruhig gelegene Tierpark sehr zu empfehlen.

Tag 3: Eisenach – Martin Luther

D er dritte Tag unserer Reise bricht an. Heute begeben wir uns nach Eisenach auf die Spuren von Martin Luther. Eisenach ist am Nordrand des Thüringer Waldes gelegen und nimmt als sechstgrößte Stadt das Zentrum Westthüringens ein. Bekannt durch die Wartburg, auf der Martin Luther 1521 das Neue Testament der Bibel aus dem Griechischen ins Deutsche übersetzt hat, ist Eisenach auch Geburtsort von Johann Sebastian Bach im Jahre 1685. Bekannt ist die Stadt auch für ihre

Fahrzeugindustrie, die von BMW im Jahr 1928, über den Bau des Wartbergs im späteren Automobilwerk Eisenach, bis zur Adam Opel AG im Jahr 1990 und der heutigen Opel und Bosch Automobilindustrie, auf eine lange Tradition zurückblicken kann.

Eisenach wurde im Jahr 1150 erstmals urkundlich erwähnt, während die Wartburg der Sage nach schon 1067 vom Grafen Ludwig der Springer errichtet worden sein soll. Dieser fand auf einem Jagdausflug ein 400 Meter hoch gelegenes Felsplateau, auf dem er unbedingt eine Burg errichten wollte. Das Problem war nur, dass der Graf aus Franken stammte und somit nicht der Besitzer des Plateaus war. Doch voller Begeisterung über die Idee rief er: „Warte Berg, du sollst mir eine Burg werden!" So entstand der spätere Name Wartburg.

Um das Problem des Territoriums zu lösen, ließ er Ludwig aus seinem eigenen Gebiet herbeischaffen und auf das Plateau bringen, um schließlich seine Burg auf seinen Grund und Boden zu errichten, was er auch vor dem Kaiser bei seiner Ehre beschwor. Die Burg selber hat viele Geschichten zu erzählen, so wurde dort Martin Luther im Jahr 1521 unter dem Decknamen „Junker Jörg" untergebracht, um einer eventuellen Verfolgung aufgrund seiner, für die damalige Zeit, unbequemen Haltung und Äußerungen, zu entgehen. Seine Zeit verbrachte er bis 1522 damit, das Neue Testament zu übersetzen, welches im September des gleichen Jahres der Öffentlichkeit als „Septembertestament" zugänglich gemacht wurde.

Eisenach hat seine ganze Geschichte hindurch immer wieder mit Tiefschlägen und Katastrophen zu kämpfen. So wurde schon im Jahr 1342 fast die gesamte Stadt durch einen verheerenden Brand zerstört, sämtliche städtische Urkunden, die im Rathaus gelagert waren, fielen dabei dem Feuer zum Opfer. Sei es nicht genug, kam im Jahr 1349 eine schwere Pestepidemie ins Land, die alleine in Eisenach rund 3000 Menschenleben forderte.

Weitere Stadtbrände in den Jahren 1617 und 1636, die Wirren des Dreißigjährigen Krieges und eine erneute Pestepidemie 1626, trafen die Stadt schwer. Auch die Zeit der Hexenverfolgungen machte vor Eisenach nicht halt. So wurden gegen acht Frauen und einen Mann Hexenprozesse veranstaltet. 4 Frauen wurden hingerichtet. Nur zwei Frauen konnten die damals üblichen Foltermaßnahmen zum Erzwingen eines Geständnisses der

Hexerei überleben blieben standhaft. Dennoch wurden sie, genau wie der angeklagte Mann, des Landes verwiesen.

Die Folgen der dramatischen Ereignisse sollten Eisenach durch seine gesamte Geschichte begleiten. So fiel Napoleon I im Jahr 1807 in die Stadt ein. Ein tragischer Unfall während der Napoleonischen Kriege, erfüllte 1810 die gesamte Stadt mit Schrecken, als bei einer Schießpulverexplosion mitten in der Stadt rund 70 Menschen ums Leben kamen. Schließlich zogen sich die geschlagenen französischen Truppen wieder zurück, hinterließen jedoch eine Spur der Verwüstung. Und als wäre all dies noch nicht genug, folgte eine schwere Typhus-Epidemie. Wenn man die mittelalterlichen Filme, wie beispielsweise „Der Name der Rose" , „Die Päpstin" oder „Elisabeth" kennt, kann man sich gut vorstellen, wie es zur damaligen Zeit in der Stadt ausgesehen haben und zugegangen sein muss.

Trotz der schweren Schläge, die die Stadt ertragen musste, blieb sie immer festes Zentrum und Anlaufpunkt für Kunst, Architektur und Industrie. Im Jahre 1820 wurde von Wilhelm Sältzer eine Ziegelbrennerei gegründet, die wesentliche Maßstäbe für die Herstellung von Baumaterial in ganz Thüringen setzte. Das Jahr 1896 gilt als Entstehungsjahr der Werkzeugfabrik Eisenach. Gasanstalt, Wasser- und Elektrizitätswerk sowie Post- und Telegraphenamt entstanden zwischen den Jahren 1862 und 1892.

Die Stadt blühte auf. Doch auch durch die jüngere Geschichte hindurch wurde Eisenach immer wieder Ziel von Angriffen. So geriet die Stadt während des Zweiten Weltkrieges, allein zwischen 1944 und 1945, siebenmal unter Luftangriff. 400 Tonnen Bombenmaterial wurden über der Stadt abgeworfen.

Wir haben bislang sehr viel über den historischen Hintergrund der Stadt Eisenach erfahren, was aber für die gesamte Stadtentwicklung sehr interessant ist und mit dem Wissen, was diese Stadt schon alles „erlebt" hat, eine Führung durch die Altstadt in einem ganz anderen Licht erscheinen lässt. So kann man das Bachhaus erkunden und einer Vorführung der alten Instrumente lauschen. Weiter auf dem Zentrum des Marktplatzes befindet sich die Georgenkirche, in der Johann Sebastian Bach und Martin Luther wirkten. Architektonisch ist diese Kirche auch beeindruckend, besonders auch im Inneren gibt es einige Schätze zu bestaunen. Darunter befinden sich die Orgel, die Statue Bachs und die Kanzel mit ihren aufwändigen Verzierungen. Eine Pause einlegen kann man in einem der zahlreichen Cafés am und um den Marktplatz. Sicher entdeckt man auch das „Schmale Haus Eisenach", das mit einer Breite von etwa 2,40 Metern scheinbar einen „Lückenfüller" in der Fassadenansicht bildet, aber trotzdem noch privat bewohnt wird.

Den beeindruckenden Zugang zur Stadt bildet das Nikolaitor, welches um das Jahr 1170 erbaut wurde und heute das einzig erhaltene Stadttor Eisenachs ist. Besonders beeindruckend stellt es sich im Dunkeln bei anmutiger Beleuchtung dar. Um sich zu stärken, ist ein Besuch im nahe gelegenen Kartoffelhaus empfehlenswert. Urig und gemütlich eingerichtet, besticht es durch eine große Auswahl an Kartoffel-Kreationen und auch Vegetarier und Veganer kommen hier auf ihre Kosten.

Auf dem Stadtrundgang kann man noch zahlreiche weitere Sehenswürdigkeiten, wie das Bachdenkmal, den Georgsbrunnen, das Lutherdenkmal und die Nikolaikirche entdecken. Doch wir wollen uns nun zur Hauptattraktion, der Wartburg aufmachen.

Durch das Bombardement im Zweiten Weltkrieg wurde die Wartburg glücklicherweise nur leicht beschädigt. Heute gehört sie zum UNESCO-Weltkulturerbe. Nicht nur Martin Luther wirkte dort, sondern auch die Heilige Elisabeth wohnte auf der Wartburg und noch heute ist bei den Burg-Führungen die „Elisabethkemenade" eine der besonderen Attraktionen.

Ein weiterer beeindruckender Teil ist der Konzertsaal, der durch seine außergewöhnlich gute Akustik besticht und auch heute noch für die berühmten Wartburgkonzerte bekannt ist. Auf einem Rundgang durch die Burg kann man Pferdeställe, die Rüstkammer, den Rittersaal und den Wohnraum der Landgrafen besichtigen. Bilder, Mosaike und Gemälde runden das Bild ab und lassen den Besucher in eine längst verborgene Welt eintauchen.

Um diese auch schon auf dem Weg zur Burg nachvollziehen zu können, gibt es am Fuße der Festung eine Eselstation, von der aus man als Besucher, wie die Menschen damals, auf die Burg „einreiten" kann. Eine Besichtigung der Burg ist das ganze Jahr über möglich, jedoch wird um 20 Uhr im Sommer und 17 Uhr im Winter das Burgtor geschlossen.

Führungen erfolgen von 8:30 Uhr bis 17 Uhr beziehungsweise von 9 Uhr bis 15:30 Uhr und sind mit 9 Euro für Erwachsene und 5 Euro für Schüler und Studenten ein fairer Preis.

Wer es besonders romantisch und unvergesslich mag, setzt dem Besuch auf der Wartburg mit einer Übernachtung im angrenzenden Schlosshotel, welches den mittelalterlichen Flair mit modernem Luxus verbindet, den perfekten Abschluss des Tages auf. Ein unvergesslich schönes Erlebnis bietet der Ausblick von der Restaurant-Terrasse mit dem alten Burggemäuer im Hintergrund, der untergehenden Sonne über den Wäldern und der hügeligen Landschaft mit einem atemberaubenden Fernblick.

Mitten im Wald versteckt, noch vor den Toren Eisenachs, liegt noch eine weitere Attraktion und ein Naturschauspiel. Es handelt sich um die sogenannte „Drachenschlucht". Vom Parkplatz am „Königstein" gelangt man über einen Wanderweg zur rund 3 Kilometer langen Schlucht, die an ihrer engsten Stelle nur 68 Zentimeter breit ist. Das Zentrum ist ein 198 Meter langer Klamm, der durch seine schroffen und zerklüfteten Felsen besticht. Die Wanderung über die befestigten Stege durch die rund 10 Meter tiefe

Spalte, die sich der darunter liegende Bach über Jahrmillionen durch den Felsen gegraben hat, ist ein unvergessliches Erlebnis. Die Schlucht stellt eines der eindrucksvollsten Geodenkmäler Deutschlands dar. Der Weg ist jedoch nur während der Sommermonate begehbar. Während der Frost- und Schneeperioden bleibt die Natur unberührt und sich selbst überlassen.

Das Waldgebiet liegt mitten im Naturschutzgebiet Wartburg – Hohe Sonne. Am Ende der Schlucht mündet der Weg auf der „Hohen Sonne" an einem Imbiss vorbei. Früher wurde dort eine Gaststätte bewirtschaftet. Aber auch heute noch kann man dort bei Thüringer Rostbratwurst und anderen Spezialitäten rasten und die Eindrücke der Wanderung sacken lassen. Einer alten Sage nach soll ein riesiger Lindwurm, eine Art Drache, dort gehaust haben und sich durch den engen Felsen schlängelt haben, daher auch der Name – Drachenschlucht.

Tag 4: Nationalpark Hainich

Am vierten Tag unserer Reise durch Thüringen bewegen wir uns einmal abseits von alten Schlössern und Burgen und machen einen Abstecher zum größten zusammenhängenden Laubwaldgebiet Deutschlands, dem Nationalpark Hainich. Seine Fläche umfasst rund 7.500 Hektar und ist der einzige Nationalpark Thüringens. Eines der Ziele ist es, den heimischen Buchenwald zu schützen und zu erhalten und so wurde der Nationalpark im Juni 2011 zum UNESCO-Weltkulturerbe erklärt. Buchen, Eschen, Ahornbäume und Linden gehören zu den Hauptarten des breiten Spektrums an Laubgehölzen des Parks.

Die Region wird besonders geschützt, damit dort ein mitteleuropäischer Urwald entstehen kann. Ein Eingreifen des Menschen in die Natur ist daher nicht vorgesehen, der Wald wird quasi sich selbst überlassen. Tote und abgestorbene Bäume bleiben liegen und dienen jungen Trieben als Grund und Boden, um wieder neu zu keimen, damit sie einmal große und starke Bäume werden. Der Grund besteht darin, dass sich die Natur selbst helfen kann. Alles was geschieht, hat seinen Nutzen und natürlichen Verlauf und bedarf keines Eingreifens von Menschenhand. Durch die Unberührtheit fühlen sich auch viele Tierarten in diesem Gebiet wohl. Die Wildkatze, der Specht, der Baumfalke und 15 verschiedene Fledermausarten können hier ungestört leben.

Um dieses Projekt und seine Erfolge den Menschen näher zu bringen, entstand ein

Baumkronenpfad, der seit 2005 auch für die Öffentlichkeit zugänglich ist. Dieser befindet sich im Ostteil des Nationalparks in der Nähe des Forsthaus Thiemsburg. Auch das Nationalparkzentrum ist dort angesiedelt und mit dem PKW sehr gut erreichbar; ein Wanderparkplatz befindet sich direkt an der Straße.

Auch wäre eine Anreise mit der Buslinie der „Wunderbare Wanderbus" möglich, der zwischen Eisenach und Bad Langensalza verkehrt. In den Sommermonaten empfiehlt es sich dabei das Umweltticket zu nutzen, welches die Hin- und Rückfahrt sowie den Eintritt zum Baumkronenpfad beinhaltet. Über einen Wanderweg vom Nationalparkzentrum aus, auf dem es schon allerlei Interessantes mittels Schautafeln über die Tier- und Pflanzenwelt zu entdecken gibt, gelangt man vom unteren Kronenbereich, bis zu den Baumwipfeln.

Dieser rund 540 Meter lange Pfad in luftiger Höhe erstreckt sich über zwei Schleifen, die Informationen zur Tier- und Pflanzenwelt an verschiedenen Haltepunkten geben. Auf einer großen Plattform in rund 44 Metern Höhe kann man die Aussicht über den gesamten Hainich und das Thüringer Becken genießen. Auch für die Kleinen sind jede Menge Abenteuer und Entdeckungen vorbereitet.

So kann man Klettern, Balancieren, Fühlen und Erkunden und so spielerisch einen Einblick in die Schönheit der Natur und das Leben in uriger Wildnis gewinnen. Der Baumkronenpfad hat in den Sommermonaten täglich von 10 Uhr bis 19 Uhr geöffnet, im November, Dezember und März täglich von 10 Uhr bis 16 Uhr. Im Januar und Februar ist er normalerweise geschlossen, nur bei entsprechender Witterung ist ein Besuch am Wochenende möglich.

Einmal im Jahr findet ein besonderes Highlight, der „Höhengenuss", auf dem Baumkronenpfad statt. Dann kann man den abendlichen Urwald auf einem romantisch beleuchteten Pfad in luftiger Höhe bei Musik und verschiedenen Köstlichkeiten genießen. Über eine kulinarische Reise kann man an verschiedenen „Schlemmerinseln" herzhafte und süße Kreationen probieren und auch eine erlesene Auswahl an alkoholischen und alkoholfreien Getränken verkosten. Ein solches Erlebnis, mit musikalischem Rahmenprogramm und einzigartigem Ambiente, bleibt sicher unvergessen. Wenn man schon mal vor Ort ist, ist auch ein Besuch im Nationalparkzentrum ein

Muss. Dort gibt es eine umfangreiche Erlebniswelt, die mit interaktiven Präsentationen, Filmvorführungen und jeder Menge Modellen zum Anfassen und Ausprobieren immer wieder große und kleine Besucher anlockt.

In der Wurzelhöhle kann man sich gefühlt als Mini-Mensch einen Einblick in das Leben unter den Bäumen verschaffen. Man erfährt, wie Bäume ihre Nährstoffe aufnehmen und miteinander kommunizieren, welche Lebewesen sich zwischen Ober- und Unterwelt befinden und wie Recycling in der Natur funktioniert. Es gibt einen überdimensionalen Regenwurm zum Klettern sowie eine Spielhöhle mit Rutsche, damit es auch den kleinen Besuchern mit Sicherheit nicht langweilig wird.

An der Blockhütte an der Thiemsburg lädt eine Wirtschaft zur Einkehr ein. Dort gibt es für jeden Geschmack und Hunger das Richtige, egal ob Bratwürste vom Grill, Eintopf aus der Gulaschkanone oder ein Stück Thüringer Blechkuchen mit einer Tasse Kaffee.

Der Baumkronenpfad und das Nationalparkzentrum sind sicherlich die attraktivsten Anlaufstellen für Besucher des Nationalparks. Dennoch gibt es noch weitere zahlreiche Möglichkeiten, um die Natur und die Umgebung kennenzulernen. Neben den unzähligen Wanderrouten, auf denen man die Ruhe der Natur genießen kann, gibt es auch ausgewiesene Rundwanderwege wie den Wanderweg Sulzrieden, den Bummelkuppenweg und den Wildkatzenpfad. Immer wieder werden einem das Geschehen im und um den Wald, mittels Infotafeln am Wegesrand, erklärt. Es bleibt stets interessant und man erfährt neue spannende Dinge über den Nationalpark und seine Bewohner.

Da die Besichtigung des Baumkronenpfades und das Erkunden im Nationalparkzentrum schon einen ganzen Tag für sich beanspruchen kann, soll der Tag mit einer kleinen entspannten Wanderung auf dem Wanderweg Hühnenteich ausklingen. Dort kommt man vorbei am „Kellerloch", einer Erdfallsenke, bis zu den noch erkennbaren Wällen der Hühnenburg, über deren frühere Bewohner sich noch viele Sagen ranken. Durch die Bäume schimmert der Hühnenteich, ein angestauter Erdfall, der eines der seltenen stehenden Gewässer des Hainichs bildet. Nicht weit davon gelangt man zu einem Erlenbruch, der sich bei nebeligem und düsteren Wetter dem Volksglauben nach an einen Ort schauriger Waldwesen verwandelt und damit oft als unheimlicher Ort beschrieben wird.

Damit entlasse ich Sie aus diesem erlebnisreichen Tag mit einer handvoll Fantasien um die Geschehnisse im Urwald des Hainich mit all seinen Waldbewohnern.

Tag 5: Bad Salzungen

Nach den historischen Erkundungen und den Wanderungen in der Natur während der letzten Tage, begeben wir uns an Tag Fünf unserer Reise in eine Kurstadt Thüringens. Seit 2009 gilt Bad Salzungen als staatlich anerkanntes Sole-Heilbad und hat diesbezüglich auch einiges für seine Gäste zu bieten. Schon vor der Stadtgründung und urkundlicher Erwähnung haben Menschen keltischer Kultur das Gebiet der heutigen Kurstadt besiedelt. Machtzentrum des heutigen Gebietes

Salzungen war im Jahr 1000 Burg Frankenstein, zu deren Füßen die Klöster Frauensee und Allendorf entstanden. Schon von Zeit an wurde hier Salzgewinnung betrieben, die bereits im 14. Jahrhundert so erträglich war, dass es eine wohlhabende Pfännerschaft unter der Leitung eines sogenannten Salzgrafen gab.

Seit 1590 wurde dann das produktivere Gradierverfahren genutzt, bei dem Natursole über Schwarzdorn-Reisig verrieselt wird und so, aufgrund von Wasserverdunstung, der Salzgehalt in der Sole immer weiter erhöht wird. Dieses mittelalterliche Verfahren kann man auch heute noch hautnah im Gradierwerk erleben, zu dem wir später noch zurückkommen werden.

Seit dem sechzehnten Jahrhundert erkannte man schon die heilende Wirkung der Salzquellen, die damals als Sauerbrunnen bezeichnet wurden. Im Jahr 1821 entstand dann das erste Solebadehaus und damit begann auch der Kurbetrieb. Schon 1911 verzeichnete man in der Stadt bereits 5.000 Kurgäste. Im Mai 1923 wurde vom Thüringer Ministerium endlich den Status des Namen Bad Salzungen freigegeben. Als Stammhaus des Adelsgeschlechts der Herren von Frankenstein wurde Burg Frankenstein bereits Mitte des 14. Jahrhunderts genutzt. Bauliche Reste der Burg sind heute noch über einen befestigten Fahrweg erreichbar, jedoch ist zum Besichtigen die gleichnamige Kunstruine mit Aussichtsturm, etwa einhundert Meter von der mittelalterlichen Burg entfernt, interessanter und besser geeignet.

Die Burganlage ist heute ein ausgewiesenes Bau- und Bodendenkmal, die von Gehölz bedeckten Wälle und Gräben im östlichen und nördlichen Teil der Anlage sind zwar vor Wind und Wetter geschützt, dadurch jedoch unzugänglich für die Öffentlichkeit. Die Öffnungszeiten der Kunstruine liegen von April bis September von 14 Uhr bis 18 Uhr oder nach telefonischer Vereinbarung. Durch die zahlreichen umliegenden Wanderwege ist sie ein beliebtes Ausflugsziel, auch aufgrund der jährlichen Veranstaltungen, die die Frankensteingemeinde auf der Burg ausrichtet.

Im Stadtzentrum von Bad Salzungen findet man den Burgsee, der mit 10,33 Hektar und über 25 Metern Tiefe als Binnensalzsee schon 1940 zum Naturdenkmal erklärt wurde. Direkt angrenzend befindet sich der weitläufige Rathenaupark. Nicht weit vom Zentrum entfernt kann man auch noch den so genannten Puschkin-Park besuchen, der sich an der Werra entlang, ganz in der Nähe vom Gradierwerk, mitten im Kurgebiet ausbreitet.

Damit befinden wir uns auch schon mitten in der über 200 Jahre alten Kurtradition Bad Salzungens, der Solewelt, die für Gesundheit und Wohlbefinden durch starke Natur-Sole steht. Wohlfühlen, Regenerieren und Entspannen stehen im Mittelpunkt und sollen seinen Besuchern ein besonderes Erlebnis bereiten. Durch die verschiedenen Bereiche vom Sole Aktivbad, Sole Saunaland über das Präventions- und Fitnesszentrum, bis hin zum Wohlfühl- und Gesundheitszentrum, ist hier für jeden das passende Programm dabei.

Im Sole-Aktivbad erlebt man im 32 Grad warmen, 2 prozentigem Solewasser pure Entspannung, die nicht nur durch die vielen Massagedüsen, Nacken-Brausen, Sprudel-Liegen und dem Strömungskanal ausgelöst wird, sondern auch vom Ambiente, durch die markante Steinsäule unter einer Lichtkuppel, die Brücke am Hauptbecken, die zur gemütlichen Liegegalerie und weiter auf die Dachterrasse führt. Zudem gibt es eine Solegrotte und ein 34 Grad warmes Salzbecken, in dem man sich bei 15 prozentiger Solekonzentration wie im toten Meer fühlt.

Dieses Becken ist allerdings nur für Erwachsene erlaubt, für die Kleinen gibt es ein Baby- und Kleinkindbecken, in dem sie sich austoben können. In der großzügigen Saunalandschaft mit Außenbereich erwarten Sie sieben Saunen mit Temperaturen zwischen 45 und 100 Grad. Beispielsweise kann man hier die 60 Grad warme Aroma-Sauna besuchen oder in der 90 Grad warmen Vital-Aufguss-Sauna schwitzen. Abkühlung findet man bei den Kneipp- und Massageduschen sowie beim Eisbrunnen.

Sehr zu empfehlen ist auch der Außenbereich, durch den sich der Sole-Pfad schlängelt, der seine Besucher beispielsweise zur Mühlenbach-Sauna oder Panorama-Aufguss-Sauna führt. Im Salzhaus befindet sich neben einer 80 Grad Salzsauna auch ein gemütlicher Ruheraum. Entspannen kann man auch im Kaminzimmer oder einem der anderen stilvoll eingerichteten Ruheräume. Weiter geht es zum Wohlfühlzentrum, in dem man Massagen, Massagebäder in 27 prozentiger Sole oder ein Sole-Peeling genießen kann. Im Sole-Aktivbad gibt es übrigens auch ein Restaurant, in dem man nach dem Baden seinen Hunger und Durst stillen kann. Abgerechnet wird über den Armband-Chip, der am Ausgang ausgelesen wird und man dann seine Getränke und Speisen bezahlen kann.

Eine der Attraktionen ist zweifellos das schönste Gradierwerk, welches unmittelbar an der Werra gelegen ist. Die ausschließlich für Inhalationszwecke 1901 errichtete neue Gradierhalle ist ein architektonisch einmaliger Mittelbau zwischen den beiden 200 Jahre und 100 Jahre alten Gradierwerken und wurde mit einem Musikpavillon und einer Trinkhalle für seine Besucher ergänzt. Die Besucher wandern dort, in weißen Bademänteln gehüllt, über einen Gang, dessen Wände aus Schwarzdorn Ästen bestehen, entlang und genießen die Luft, die durch die Äste rieselnde Sole angereichert ist und vor allem bei Atembeschwerden Linderung verspricht. Auch die Brunneninhalationen und Rauminhalationen finden nicht nur bei Asthmatikern und Allergikern großen Anklang.

Der letzte Bereich in der Anlage ist das Präventions- und Fitness-Zentrum. Als erstes TÜV-geprüftes Fitness-Zentrum in der Region kann man dort mit Sicherheit gut trainieren. Eine fachärztliche Betreuung mit gründlicher Diagnose steht Ihnen ebenfalls zur Verfügung. Ihr individuelles Trainingsprogramm können Sie auf der modernen Trainingsfläche mit Rückenmodul, Gerteparcour und Hydraulik-Zirkel voll ausleben.

Nach dem Training und der Entspannung ist ein Ausklang in einem der gemütlichen Restaurants in Bad Salzungens wie dem „Kartoffelkäfer" oder dem Restaurant und Café Saline zu empfehlen, wo man natürlich Thüringer Küche, aber auch andere leckere Spezialitäten genießen kann. Zahlreiche Übernachtungsmöglichkeiten für jeden Geldbeutel gibt es Beispielsweise im Panorama Hotel „Am Frankenstein", im Kurhaus am Burgsee oder in einer der zahlreichen Pensionen oder in den Ferienhäusern.

Tag 6: Schmalkalden

Am vorletzten Tag unserer Reise durch Thüringen besuchen wir eine der interessantesten Fachwerk- und Hochschulstädte im Süd-Westen des Thüringer Waldes. Urkundlich erwähnt wurde Schmalkalden erstmals im Jahr 874 als „Villa Smalcalta". Im Verlauf der Geschichte gelangte Schmalkalden an die Grafen von Henneberg. Daraufhin wurde es im Jahr 1250 in einer Urkunde erstmals als Stadt erwähnt und zeigt im Bild eines Stadtsiegels „über einer Mauer mit Tor zwischen zwei

Türmen eine Henne auf einem Berg", welches auch auf das spätere Stadtwappen Einfluss hatte. Historisch bekannt ist die Stadt vom Schmalkaldischen Bund, bei dem zwischen 1530 und 1547 sieben Bundestagungen in Schmalkalden stattfanden und 1546/47 im Schmalkaldischen Krieg gipfelte. Nach dem Tod von Graf Georg Ernst im Jahr 1583 starb auch das Geschlecht der hennebergischen Erblinie aus, woraufhin der hessische Landgraf Wilhelm IV allein regierte.

Von 1585 bis 1590 ließ dieser auch das nach ihm benannte Schloss, Schloss Wilhelmsburg, erbauen. Im Zweiten Weltkrieg wurde Schmalkalden Ziel von Bombenangriffen, die einige schwere Schäden an Wohnhäusern und Industriebauten sowie 88 Tote und zahlreiche Verletzte zur Folge hatten. Jedoch hatte die Stadt Glück im Unglück, da der Großteil der zugedachten Bombenlast außerhalb der Stadt für Verwüstung gesorgt hatte und nicht die Stadt selbst getroffen hatte. Hätte nahezu jede Bombe ihr Ziel in der Stadt getroffen, wäre Schmalkalden in Schutt und Asche gelegt worden.

1949 wurde aus der staatlichen Fachschule für Kleineisen- und Metallwarenindustrie die

Ingenieurschule für Maschinenbau. Eine pädagogische Fachschule für Kindergärtnerinnen wurde 1951 in Schmalkalden gegründet.

Das waren die Grundsteine, die zur Entstehung der Fachhochschule Schmalkalden im Jahr 1991 und damit verbunden, die offizielle Bezeichnung „Hochschulstadt", ab dem Jahr 2004 beitrugen. In ihrer heutigen Form als Schmalkalden University of Applied Sciences beinhaltet sie die Fakultäten Maschinenbau, Elektrotechnik, Informatik, Wirtschaftswissenschaften und Wirtschaftsrecht. Der Campus mit seiner Mischung aus sanierten Altbauten und modernen Neubauten, die im amerikanischen Stil angeordnet sind, bestechen durch vergangene und neue Architektur, Funktionalität und kurze Wege. Auf dem Gelände findet sich alles von Lehr- und Forschungsgebäuden, über Bibliothek, Mensa, Turnhalle und Studentenwohnheime, bis hin zu einem Studentenclub.

Das ist nur ein Grund, weshalb Schmalkalden bei Studenten und Gästen gern besucht wird. Die Stadt zählt auch zu den schönsten Fachwerkstätten Südthüringens und bietet seinen Besuchern einen mittelalterlichen Stadtkern, der einen mit seiner nahezu unveränderten Optik um hunderte Jahre in der Zeit zurückversetzt. Das Rathaus im spätgotischen sakralen Stil und die Stadtkirche St. Georg, die zwischen 1437 und 1509 erbaut wurde, bilden auf dem Marktplatz das Zentrum der Altstadt.

Durch die teilweise mit alten Kopfsteinen gepflasterte Altstadt führt die Fußgängerzone, in der man nicht nur kleine Ladengeschäfte, Gaststätten und Cafés besuchen, sondern auch über kleine Gassen und Wege, die versteckten Fachwerkhäuser mit ihrem mittelalterlichen Charme, entdecken kann. Das Haus in der Weidebrunner Gasse 13 beispielsweise, gilt als das älteste Haus Schmalkaldens und wurde 1369 bis 1370 erbaut.

Zwar wurden kleinere Veränderungen zur Anpassung an die jeweiligen Bedürfnisse seiner Bewohner vorgenommen, das alte Fachwerkgefüge und die mittelalterlichen Malereien blieben jedoch stets unberührt. Heute hat unter anderem der Verein für Schmalkaldische Geschichte seinen Sitz in dem Gebäude. Die ursprüngliche Stadt Schmalkalden wurde einst von einem doppelten Stadtring mit Toren und Türmen umgeben, von denen heute noch beispielsweise der sogenannte Pulverturm um Reste der Stadtmauer zeugen, die ins heutige Stadtbild integriert und mittels Beleuchtung imposant in Szene gesetzt werden.

Um gutbürgerliche Küche zu genießen, empfiehlt es sich, dem Ratskeller im alten Rathaus einen Besuch abzustatten. Für einen Kaffee oder eine Kleinigkeit zwischendurch ist man im „Maykels", einer urigen kleinen Gaststätte, auf dem Weg vom Marktplatz in Richtung Schloss Wilhelmsburg, bestens aufgehoben. Dort kann man auch im Außenbereich sein Getränk genießen und das rege Treiben in der Fußgängerzone und auf dem kleinen vorgelagerten Platz beobachten und sich vielleicht vorstellen, wie das vor 300 Jahren bei ähnlicher Kulisse mit Handwagen, zu Pferd und zu Fuß in mittelalterlicher Kleidung ausgesehen haben muss.

Mit etwas Glück trifft man heute noch einen der Mitglieder des Mittelaltervereins „Authentica Castrum Wallinfels", die mit Heerlager und Märchenzelt nicht nur zum Weihnachtsmarkt das Mittelalter auferstehen lassen. Vom Maykels aus gibt es einen direkten Weg zum Schloss Wilhelmsburg hinauf, der steil und mit Kopfsteinpflaster versehen, umringt von Fachwerkhäusern und alten Mauern, das mittelalterliche Flair erhält. Schloss Wilhelmsburg gilt als ein Juwel unter den Renaissance-Schlössern, nicht zuletzt durch die fast vollständig erhaltenen Außenanlagen, die originalgetreue Raumstruktur und den prächtigen Wandmalereien.

Es gibt eine Schlosskapelle mit Altar, Taufbecken und Kanzel, die auch heute noch beispielsweise für Hochzeiten und Konzerte genutzt wird. Die Orgel mit ihren Holzpfeifen ist eines der wenigen heute noch spielbaren Instrumente dieser Art und ist durch ihren besonderen, weichen Klang nicht nur unter Musikern sehr beliebt. Daneben gibt es weiterhin einen Festsaal, auch Riesensaal genannt, der zu den prächtigsten Sälen des 16. Jahrhunderts zählte. Im Schloss befindet sich ein Museum, welches mit seiner Dauerausstellung zum Zeitalter der Renaissance sehr sehenswert ist. Dort erfährt man viel Interessantes zum Thema der höfischen Kultur und Lebensweise sowie zur Reformatorischen Bewegung des 16. Jahrhunderts.

Das Museum hat in den Sommermonaten täglich von 10 Uhr bis 18 Uhr und im Winter dienstags bis sonntags von 10 Uhr bis 16 Uhr geöffnet. Die Preise liegen bei 6 Euro für Erwachsene und auch verschiedene Gruppenführungen werden angeboten. Besonders im Sommer sehr interessant sind auch die Außenanlagen mit Schlossgarten, Backhaus, Brauhaus Kaninchengarten und Gefängnisturm. Vom Schlossgarten aus hat man einen beeindruckenden Blick über die Altstadt, welcher besonders am Abend vor beleuchteter Schlosskulisse über die Lichter der Altstadt reizvoll ist.

Neben dem Schloss und der Altstadt hat Schmalkalden aber auch noch eine ganze andere Seite aus der Neuzeit, jedoch mit langer Tradition zu bieten. So ist ein Besuch in der Viba Nougatwelt unumgänglich. Im Jahr 1893 als Kaffeehaus gegründet, begann 1920 zusätzlich noch die Produktion von Nougat und Marzipan. Die Errichtung einer Fabrik mit 350 Mitarbeitern und dem Vertrieb deutschlandweit folgten.

Das Verkaufsnetz mit über 44 Filialen wird immer weiter ausgebaut. Im Jahr 2000 schaffte es die Firma mit der Produktion der größten Nougatstange der Welt in das Guinessbuch der Rekorde. Diese wog immerhin 750 Kilo, war 3 Meter lang und maß 50cm im Durchmesser! Seit 2012 lässt Viba seine Kunden mit der Eröffnung der Viba Nougatwelt und der Viba

Erlebnis-Confiserie & Café noch intensiver und haut-nah an seiner süßen Produktion teilhaben. So kann man in der Erlebniswelt den Confiseurinnen bei der Pralinenherstellung über die Schulter schauen, an einem Rundgang durch die Viba Ausstellung teilneh-men und sich anschließend im Restaurant kulina-risch verwöhnen lassen.

Ein eigens eingerichteter Nougat-Brunnen und andere kleine Verkostungen laden zum Naschen ein. Die Ausstellung hat täglich von 10 Uhr bis 18 Uhr für Sie geöffnet und kostet für Erwachsene 4 Euro ohne Führung und 6 Euro mit Führung. Ein besonderes Erlebnis sind die Mitmachkurse für Groß und Klein. Dabei kann sich jeder selbst als ConfiseurIn auspro-bieren und eigene Produkte kreieren, von der Scho-koladentafel mit persönlichem Gruß, bis hin zu eige-nen Pralinenkreationen.

Auf dem gesamten Gelände finden auch das ganze Jahr über immer wieder Veranstaltungen und Events wie Konzerte, Lesungen, ein klassischer Brunch oder das Musical-Dinner statt. So kann man sich im Restaurant bei einer Rinderroulade nach Thüringer Art oder frisch zubereiteter Pizza und Pasta stärken und den Tag bei einer der raffinierten

Dessert-Kreationen, die die umfangreiche Karte zu bieten hat, ausklingen lassen.

Ein besonderer Tipp für den Aufenthalt in Schmalkalden ist das Stadtfest, welches jedes Jahr am letzten Augustwochenende stattfindet. Neben dem traditionellen Hirschessen und dem Bartholomäus-Markt bekommt man auf mehreren Bühnen einiges an Unterhaltung geboten, wie den Fassbieranstich des Bürgermeisters zum Auftakt und zahlreichen Livebands, Chören, Live-Blasmusik und Schlagermusik. Damit wird für jede Altersklasse und jeden Geschmack etwas geboten. Schließlich gibt es noch den sehenswerten Festumzug durch die Altstadt, bei dem sich viele Chöre und Vereine der Region präsentieren, ob als Schützenverein, Tanzgruppe, Blaskapelle oder fahrender Ritter aus dem Mittelalter. Wer Ende August in der Gegend ist, sollte diese Veranstaltung wirklich einmal besuchen.

Tag 7: Oberhof

Nach den kulinarischen Genüssen und süßen Verführungen des gestrigen Tages wollen wir uns am letzten Tag unserer Reise nochmal richtig auspowern. Und wo ginge das besser als in Oberhof, dem Zentrum des Wintersports in Thüringen. Auf 815 Metern Höhe gelegen, ist Oberhof der meistbesuchte Ferienort des Thüringer Waldes und liegt direkt am Rennsteig. Durch die ungeschützte Lage auf einer Hochfläche ist das Klima Oberhofs sehr rau und mit einer Jahresdurchschnittstemperatur von 4,4 °C eher kühl. Sehr hohe Niederschlagsmengen, die üblicherweise von Mitte

November bis Ende März als Schnee niederschlagen, geben dem Ort optimale Voraussetzungen für ein Wintersportgebiet.

Erstmals urkundlich erwähnt wurde Oberhof im Jahre 1470 und gehörte zu verschiedenen Herzogtümern, zuletzt bis 1918 zum Herzogtum Sachsen-Coburg und Gotha, welches im Jahr 1830 durch Herzog Ernst I ein Jagdschloss errichten ließ. Mit dem Anschluss an die Bahnstrecke begann auch der Ausbau des Fremdenverkehrs und damit der Tourismus. Im Jahr 1901 besuchten rund 5.000 Gäste den Ort, im Jahr 1913 waren es schon fast 12.800 Besucher. Seinen Status als Mittelpunkt des Wintersports erlangte Oberhof seit der Gründung des Thüringer Wintersportvereins im Februar 1905.

Die ersten Weltmeisterschaften im Zweierbob und Nordischer Kombination wurden 1931 ausgetragen. Einen Besuch wert ist der Rennsteiggarten, der als sieben Hektar großer botanischer Garten für Gebirgsflora rund 4000 verschieden Pflanzenarten der Gebirgsregionen der Erde aufzeigt. Er zählt neben dem Schlossberg mit seinem Naturschutzgebiet zur Erhaltung der ältesten Fichten und der Schuderbachwiese zu den Naturdenkmälern der Region.

Doch vorrangig liegt den Gästen etwas an dem umfangreichen Wintersportangebot, das Oberhof zu bieten hat. Da wäre als erstes die Sprungschanze am Kanzlersgrund zu nennen. Sie besteht aus einer Großschanze von 140 Metern und einer Normalschanze von 100 Metern. Die Großschanze, benannt nach Hans Renner, dem ehemaligen DDR-Nationaltrainer der Skispringer und Erfinder der Kunststoffmatten, war die größte Sprungschanze der DDR und zählt auch heute noch zu einer der größten Skischanzen weltweit.

Da beide Schanzen mit Matten belegt sind, können sie auch im Sommer genutzt werden. Dies wird nicht nur von den deutschen Skispringern, sondern auch von anderen Nationalmannschaften zum Training genutzt. Fährt man von westlicher Seite in Richtung Oberhof, kann es also passieren, dass man die von der Landstraße aus ersichtliche Sprungschanze direkt in Benutzung sieht.

Ein kleiner Parkplatz direkt an der Straße lädt zum Anhalten und Staunen ein. Das Gelände ist frei begehbar und für eine sportliche Herausforderung sorgt der Aufstieg über die nicht enden wollenden

Treppenstufen, 632 an der Zahl, hinauf zum Schanzentisch.

Fährt man weiter Richtung Oberhof, gelangt man direkt zum Grenzadler, dem Zielort für Wintersportler. Dort findet man im Rennsteighaus am Grenzadler eine Anlaufstelle zum Pausieren und Informieren. Der Ort gibt die Möglichkeit zu ganzjährig kostenfreien Rast- und Ruhemöglichkeiten sowie sanitäre Anlagen, die von Sportlern und Besuchern gleichermaßen genutzt werden können. Informationen zu Rad- und Wandertouren sowie zu Loipen für Skifahrer stehen zur Verfügung.

Am Grenzadler befindet sich ebenfalls die Sportfördergruppe der Bundeswehr, wo die Langläufer, Biathleten, Bobfahrer und andere Wintersportler der Bundeswehr ihrem Training nachgehen. Nicht weit vom Rennsteighaus entfernt, kommt man zur Lotto Thüringen Arena, dem Biathlonstadion vor Ort, in dem regelmäßig Biathlon Weltcups stattfinden. Die dort befindliche Strecke wird als die schwierigste des gesamten Weltcups bezeichnet und wird mit den höchsten Zuschauerzahlen der Weltcupveranstaltungen verfolgt. Den bisherigen Rekord hält die Weltmeisterschaft von 2004 mit 206.000

Zuschauern bei den zehn Rennen an sieben Wettkampftagen. Zu den abendlichen Siegerehrungen im Oberhofer Kurpark wurden weitere 50.000 Zuschauer gezählt. Für das Jahr 2023 hat Oberhof den Zuschlag für die Biathlon-Weltmeisterschaft erhalten und soll bis dahin noch weiter ausgebaut werden. Geplant sind eine Tribünenerweiterung, neue Funktionsgebäude und bessere Zugänge für Athleten und Betreuer.

Zu den Veranstaltungen werden zahlreiche Shuttlebusse aus den umliegenden Ortschaften eingesetzt, um die Besucherzahlen zum Grenzadler zu bringen und das Parksystem zu entlasten. Neben den bekannten Strecken wie Wolfsschlucht und Birxsteig, gibt es auch für das Sommertraining ausgebaute Asphaltstrecken zur Nutzung mit Skirollern.

Angrenzend zur Arena befindet sich auch noch die Lotto Thüringen Skisport Halle Oberhof, in der man ganzjährig seinem Sport unter Winterbedingungen nachgehen kann. Auf einem 1.200 Meter langem Rundkurs können sich Freizeit- und Leistungssportler bei rund 4 Grad Celsius und optimalen Schneebedingungen 365 Tage im Jahr austoben. Eine angrenzende Schießhalle mit vier

Schießständen runden das Bild vom Biathlon-Feeling auch im Sommer ab. Mit Preisen von 15 Euro für eine Stunde und 28 Euro für drei Stunden ist es kein ganz günstiger Spaß, aber ein einmaliges Erlebnis und bei den Instandhaltungs- und Betreibungskosten auch nachvollziehbar. Natürlich steht den Besuchern auch hier eine Gaststätte zur Versorgung des leiblichen Wohles zur Verfügung.

Direkt neben der Skihalle befindet sich die Abfahrtstrecke Fallbachhang Oberhof, auf der die Abfahrtssportler mit Ski oder Snowboard auf ihre Kosten kommen. Von Mai bis Oktober gehört das Gebiet den Mountainbikern, denn vier, speziell für Downhill konstruierte Strecken, lassen das Bikerherz höherschlagen. Der Skilift dient auch im Sommer dem Transport von Rad und Bikern hinauf zur Bergstation. Die präparierten Strecken sind unterschiedlichen Schwierigkeitsgrades und können von Anfängern, wie auch von Profis gleichermaßen genutzt werden. Aber Achtung: Zur eigenen Sicherheit herrscht Helmpflicht!

In direkter Nähe zum Fallbachlift liegt auch die Rennrodelbahn Oberhof. Hier handelt es sich um eine Kunsteisbahn, das heißt, die Bahn wird künstlich vereist und ist als zweite Kunsteisbahn weltweit von 1969 bis 1970 erbaut worden. Die Gesamtlänge beträgt mittlerweile 1354,5 Kilometer und enthält fünfzehn Kurven. Die hohe Geschwindigkeit, die man auf der Bahn erreicht und die nah aneinander liegenden engen Kurven, machen diese Bahn zu einer technisch schwierigsten ihrer Art.

Rennrodelweltmeisterschaften wurden im Jahr 2008 dort ausgetragen und auch Bob- und Skeleton-Weltcups finden auf dieser Bahn statt. Natürlich wird auch diese Möglichkeit von verschiedenen Nationalmannschaften für Trainingszwecke genutzt. Mutigen Gästen wird die Möglichkeit der Abfahrt in einem der Gästebobs gegeben.

Dabei wird man feststellen, wie anstrengend so eine Fahrt sein kann, wie man schon bei relativ niedriger „Besucher-Geschwindigkeit" durchgeschüttelt wird und welche Belastung es im Wettkampf für die Profi-Sportler, die mit bis zu 120 Stundenkilometern dort hinunterbrettern, sein muss. Auch für die Weltmeisterschaft im Jahr 2023 hat die Rennrodelbahn Oberhof den Zuschlag erhalten, sodass die Wintersportfans in dem Jahr in Oberhof nicht nur beim

Biathlon, sondern auch beim Rodeln voll auf ihre Kosten kommen.

Doch nicht nur sportlich hat die Stadt seinen Besuchern viel zu bieten. Die Stadt an sich ist natürlich voll auf Tourismus ausgerichtet, daher findet man immer eine Möglichkeit sich in einem der zahlreichen Cafés, Restaurants und Gasthöfen niederzulassen und die gutbürgerliche Küche zu genießen. Neben Rostbratwurst und Thüringer Klößen ist ein leckeres Stück hausgemachter Kuchen empfehlenswert.

Wie wäre es anschließend mit einem Besuch im Exotarium Oberhof, wo man in die faszinierende Welt der Reptilien eintauchen kann und es für Groß und Klein auf über 1.200 Quadratmetern, dem größten Aquarien-Terrarien-Zoo-Mitteldeutschlands, alles über Reptilien, Amphibien, Insekten und Fische zu bestaunen gibt. Wer keine Scheu vor Schlangen, Vogelspinnen und Skorpionen hat, wird an der Ausstellung seine Freude haben. Das Highlight ist die wöchentliche Schlangenfütterung, die immer mittwochs um 15 Uhr stattfindet. Ansonsten ist das Exotarium in Oberdorf täglich von 10 Uhr bis 18 Uhr geöffnet und kostet 8,50 Euro Eintritt pro Person. Wer es etwas entspannter mag, sollte sich eine Auszeit im H2 Oberhof Wellnessbad gönnen. Die umfangreiche Badelandschaft hat von Erlebnisbecken mit Wasserfall und Grotte, über Whirlpools, einer 110 Meter langen Riesen-Röhrenrutsche, Babybecken, Innenspielplatz und Kletterturm für jeden etwas zu bieten. Dazu gibt es noch einen Außenbereich mit beheiztem Schwimmbecken, Liegewiese und Beachvolleyballplatz. Oder genießen sie Ihre Zeit in der Sauna und in der Wellness-Oase, die mit acht verschiedenen Saunen und einer Lounge mit Kamin zum Erholen und Abschalten einlädt.

Für ein richtig gutes und leckeres Essen in einer urigen Gaststätte mit fantastischer Aussicht, empfiehlt es sich von Oberhof über den Grenzadler, an der Sprungschanzenanlage vorbei in den „Kanzlersgrund" zu fahren. Dort findet man den gleichnamigen Gasthof Café Kanzlersgrund.

Einsam in einem romantischen Tal gelegen, kann man hier die Ruhe von der Sonnenterrasse genießen oder den kostenfreien Parkplatz als Ausgangspunkt für weitere Unternehmungen nutzen. Auch die Möglichkeit der Übernachtung in einem der Doppelzimmer oder in den neu eingerichteten

Ferienwohnungen ist möglich. Die Küche bietet neben Thüringer Spezialitäten auch immer saisonale Gerichte, wie Spargel im Frühjahr und Pfifferlinge im Herbst an. Wer lieber einen Kaffee genießen möchte, kann sich dazu ein leckeres Stück hausgemachten Kuchen oder ein Stück Torte an der Kuchentheke aussuchen. Dazu dann auf der Terrasse im Sonnenschein sitzen und die idyllische Aussicht genießen, die Gedanken schwelgen lassen über das Erlebte der vergangenen Tage; das ist ein passender Abschluss einer interessanten und aktiven Woche, mit allerlei Informationen zu alten und neuen Sehenswürdigkeiten und Aktivitäten in Thüringen.

Schlusswort

Dieser etwas andere Reiseführer sollte Sie durch ein Stück Heimat begleiten und Ihnen zeigen, dass ein Urlaub in Deutschland durchaus auch reizvoll und vielseitig sein kann. Wir haben uns dabei nur einen Teil des Urlaubsziels Thüringen angesehen und dabei schon so viel Interessantes und Spannendes entdeckt, dass die Lust auf ein Wiedersehen im grünen Herzen Deutschlands gewachsen ist.

Wir haben Thüringer Städte kennengelernt, die mit ihren interessanten geschichtlichen Hintergründen und ersichtlichen architektonischen Gebäuden und Bauten locken, Altstädte, die einen in eine längst vergangene Zeit zurückversetzen. Wir waren auf Burgen und Schlössern, die ihre Geschichte hautnah präsentieren und einen einladen, dabei zu sein und nicht nur von außen zuzuschauen. Es gab bewundernswerte Natur zu entdecken, zu sehen, zu riechen und zu fühlen. Wir haben verschiedene Möglichkeiten der Entspannung und Wohlfühl-Momente für Körper und Geist getestet. Wir erkundeten Orte, an denen die Spitzensportler trainieren und ihre Wettkämpfe austragen. Und nicht zuletzt haben wir uns den kulinarischen Genüssen der Region hingegeben und leckere Gerichte, die typisch für Thüringen sind, getestet und von süßen Versuchungen genascht.

Thüringen, das Land der Dichter und Denker, das Land der Schlösser und Burgen, eine Landschaft voller Sehenswürdigkeiten und unberührter Natur. Es ist nicht nur ein Ziel für Wanderer und Naturliebhaber, sondern auch für Sportler, Mittelalter-Fans, Geschichtsinteressierte, Entspannungs-Suchende und Abenteuerlustige. Kurz gesagt hat die Region mitten in Deutschland für jeden etwas zu bieten. Und diese eine Woche war nur ein Teil dessen, was es noch alles zu entdecken und auszuprobieren gibt. Vielleicht hat es Ihnen gefallen und Sie konnten Kraft schöpfen und Ideen sammeln für weitere Unternehmungen und vielleicht auch für einen weiteren Aufenthalt im grünen Herzen Deutschlands.

Packliste

Geld & Finanzen

O (evtl.) Auslandswährung
O Bargeld
O Bauchtasche
O Brustbeutel
O Bauchtasche
O EC-Karte
O Kreditkarte
O Notfall-Telefonnummern der Banken
O Portmonee

Hygiene

O Haarbürste / Kamm
O Deo (klein)
O Shampoo
O Kulturtasche
O Sonnencreme
O Taschentücher

O Reise-Zahnbürste und Zahnpasta
O Verhütungsmittel

Kleidung

O Badeklamotten
O Gürtel
O Hosen kurz / lang
O Mütze / Cap / Hut
O Pullover
O Regenjacke
O Schlafanzug
O Socken
O Sonnenbrille
O Sportklamotten / Jogginghose
O T-Shirts
O Unterwäsche

Medikamente

O Blasenpflaster
O Anti-Durchfalltabletten
O Erste-Hilfe-Set

O Fiebertabletten

O Fiebertabletten

O Mückenschutz

O sonstige Medikamente

O Pflaster

O Kopfschmerztabletten

Unterlagen & Papiere

O ADAC Unterlagen

O Adresslisten für Postkarten

O Krankversicherungsnachweis

O Stadtplan

O Führerschein

O Unterlagen für die Unterkunft

O Wasserdichte Hülle für Reiseunterlagen

O Impfausweis

O Mietwagenunterlagen

O Personalausweis

O Reisepass

O Reisetagebuch

O evtl. Studentenausweis

O evtl. Visum

O Zug- / Bahn- / Flugticket

Taschen & Rucksäcke

O Koffer / Trolley / Reisetasche

O Regenhülle für Rucksack

O Rucksack

Schuhe

O Badeschlappen / Hausschuhe

O Schuhe und Wechselschuhe

Sonstiges

O Brille / Kontaktlinsen und Etui

O Buch zum Lesen

O Ohrenstöpsel und Schlafmaske

O Regenschirm

O Reisedecke

O Wasserflasche

O Wörterbuch

Elektronik

O Digitalkamera
O Handy
O Ladekabel
O Kopfhörer
O evtl. Steckdosenadapter
O Power-Bank

Herstellung und Verlag:

BoD – Books on Demand, Norderstedt

ISBN: 9783752894738

1. Auflage

Kontakt: Psiana eCom UG/ Berumer Str. 44/ 26844 Jemgum

Covergestaltung: Fenna Larsson

Coverfoto: depositphotos.com